Stefan Schneider

Dienstleistungsqualität im eService-Engineering

GRIN - Verlag für akademische Texte

Der GRIN Verlag mit Sitz in München hat sich seit der Gründung im Jahr 1998 auf die Veröffentlichung akademischer Texte spezialisiert.

Die Verlagswebseite www.grin.com ist für Studenten, Hochschullehrer und andere Akademiker die ideale Plattform, ihre Fachtexte, Studienarbeiten, Abschlussarbeiten oder Dissertationen einem breiten Publikum zu präsentieren.

Dokument Nr. V50070 aus dem GRIN Verlagsprogramm

Stefan Schneider

Dienstleistungsqualität im eService-Engineering

GRIN Verlag

Bibliografische Information der Deutschen Nationalbibliothek: Die Deutsche Bibliothek
verzeichnet diese Publikation in der Deutschen Nationalbibliografie; detaillierte bibliografische Daten sind im Internet über http://dnb.d-nb.de/ abrufbar.

1. Auflage 2005
Copyright © 2005 GRIN Verlag
http://www.grin.com/
Druck und Bindung: Books on Demand GmbH, Norderstedt Germany
ISBN 978-3-638-72456-2

Dienstleistungsqualität im e-Service Engineering

E-Service Engineering und E-Government

Informationswirtschaft

Hochschule der Medien, Stuttgart

Stuttgart, den 16.11.2005

HOCHSCHULE DER MEDIEN

Kurzfassung

Die Qualität von elektronischen Dienstleistungen wird immer mehr zum Entscheidungskriterium für Kunden. Das Ziel von e-Service Engineering ist es Dienstleistungen zu entwickeln, die den Bedürfnissen der Kunden entsprechen und damit die geforderte Qualität erreichen. Vorgehensmodelle, Standardisierungen und Qualitätswerkzeuge helfen den Engineeringprozess zu beherrschen. Die Besonderheiten der Qualität im Bereich der Dienstleistungen müssen dabei berücksichtigt werden. Kundenorientierung spielt dabei eine tragende Rolle.

Schlagwörter: e-Service Engineering, Bedürfnisse, Qualität, Kundenorientierung

Abstract

The quality of electronic services becomes more and more an important criterion in costumer decisions. To develop services with quality according to costumer needs is an aim of e-service engineering. Process models, standardization and quality tools help to rule the process of engineering. The special role of quality for services must be considered. Costumer orientation plays an important role.

Keywords: e-service engineering, costumer needs, quality, costumer orientation

Inhaltsverzeichnis

Abbildungsverzeichnis

Abkürzungsverzeichnis

DIN	Deutsche Industrienorm
EN	Europanorm
ISO	International Organization for Standardization
HoQ	House of Quality
QFD	Quality Function Deployment

1   Überblick

In einem Pressebericht aus dem Jahr 2001 über das Thema Kundentreue beim Online-Shopping schreibt der Autor: „Online-Anbieter, die ihre Kunden dauerhaft an sich binden wollen, müssen sich etwas einfallen lassen [...]. Denn knapp ein Viertel (24 Prozent) der Käufer wäre beinahe an der Bestellung gescheitert, da zu kompliziert, oder wechselte zu Anbietern mit mehr und besseren Serviceleistungen. [...].“[1] In den letzten vier Jahren wurde an der Verbesserung der Serviceleistungen bei vielen Unternehmen und anderen Serviceanbietern gearbeitet. Der Online-Versandhändler Amazon beispielsweise bietet einen durchgängigen Service vom ersten Besuch der Website bis hin zur Wiederverkaufsunterstützung im Bedarfsfall.

Dennoch gilt für 2001 wie für heute, dass viele Dienstleistungen auf elektronischer Basis (E-Services) nicht in vollem Umfang den Wünschen der Nutzer entsprechen. Die Ursachen für das Ausbleiben des Erfolgs von E-Business-Projekten können dabei in drei Gruppen eingeteilt werden: Ignorieren grundsätzlicher Anforderungen, Einschlagen falscher Wege und fehlende Kundenorientierung.[2] In allen Fällen steht am Ende eine Dienstleistung, die nicht der vom Kunden erwarteten Qualität entspricht.

In Kapitel 2 wird zunächst der Begriff Qualität unter die Lupe genommen. Eine nähere Definition von Qualität hilft eine bessere Vorstellung davon zu erhalten. Besonderheiten hinsichtlich der Qualität von Dienstleistungen werden in Kapitel 3 aufgezeigt. Dass sich die Qualität einer Dienstleistung von der eines Produktes in machen Punkten unterscheidet, ist auch wesentlich für den Entwicklungsprozess einer Dienstleistung. Die Qualität im e-Service Engineering soll schon in der Planungs- und Erstellungsphase einer Dienstleistung einen gewissen Qualitätsstandard garantieren. Hilfsmittel dafür werden in Kapitel 4 vorgestellt. Dabei handelt es sich um Qualitätswerkzeuge, die sowohl für die Entwicklungsphase als auch für eine weitere Verbesserung bestehender Dienstleistungen genutzt werden können. Abschließend werden die Erkenntnisse der Arbeit zusammenfassend bewertet.

---

[1] o.V. (2001)
[2] vgl. Zwerger, F. / Sacher, P. (2002), S. 17

2 Der Qualitätsbegriff

Die ursprünglichen Wettbewerbsfaktoren am Markt, Kosten und Zeit, werden durch eine fortschreitende Kundenorientierung um den Faktor Qualität ergänzt.[3] Ein Unternehmen bietet ein Produkt oder eine Dienstleistung nicht nur in einer bestimmten Zeit und zu einem bestimmten Preis an. Mindestens ebenso entscheidend für den Erfolg am Markt ist die Qualität des Produktes beziehungsweise der Dienstleistung. Qualität wird somit als eine Marktfunktion wahrgenommen, die in der Innensicht vom Unternehmen mit definiert und geschaffen wird und in der Außensicht von verschiedenen Einflussfaktoren wie Kunden, Markt und Staat abhängig ist.[4] Das Verständnis für Qualität erlangen Anbieter unter Einbeziehung aller Einflussfaktoren.

2.1 Definitionen für Qualität

Eine Definition von Qualität soll aufzeigen, was sich genau hinter dem Begriff verbirgt. Der oft gehörte Satz „Qualität ist, wenn der Kunde zurückkommt und nicht das Produkt" liefert den Aspekt der Kundenzufriedenheit als einen ersten Anhaltspunkt woran Qualität gemessen werden kann. Die Orientierung an den Wünschen der Kunden findet sich auch in den Regelwerken der International Organization for Standardization (ISO). Krems gibt in seinem Online-Verwaltungslexikon des Qualitätsmanagements an: Qualität ist „[…] das "Vermögen ... zur Erfüllung von Forderungen von Kunden und anderen interessierten Parteien" (DIN EN ISO 9000:2000). Als Fachbegriff ist eine Aussage zur Qualität also das Ergebnis eines Vergleichs zwischen den geforderten und den tatsächlich vorhandenen Eigenschaften: ob - ggf. in welchem Ausmaß - sie erfüllt werden."[5]

Neben der Kundensicht können jedoch weitere Perspektiven für die Betrachtung von Qualität eingenommen werden. Scheer nennt fünf von Garvin aufgestellte unterschiedlichen Ansätze: Der produktorientierte Ansatz definiert die Qualität einer Leistung als die Summe der Existenz bestimmenden Fähigkeiten der Leistung; der kundenorientierte Ansatz bewertet die Fähigkeit einer Leistung Kundenbedürfnisse zu befriedigen; der absolute Qualitätsbegriff sieht Qualität als generisches Maß für die Güte eines Produkts; der herstellerorientierte Ansatz definiert das Vorhandensein vom Hersteller selbst erstellter Vorgaben als Qualität und das Preis-Leistungsverhältnis ist der Maßstab für den werteorientierten Ansatz.[6]

---

[3] vgl. Pfeifer, T. (2001), S.XXV

[4] vgl. Nohr, H. (2004), Folie: Qualität als Marktfunktion

[5] Krems, B. (2005): Schlagwort „Qualität"

[6] vgl. Scheer, A.-W. / Schneider, K. (2003), S. 11

Bruhn definiert Dienstleistungsqualität als „die Fähigkeit eines Anbieters, die Beschaffenheit einer primär intangiblen und der Kundenbeteiligung bedürfenden Leistung aufgrund von Kundenerwartungen auf einem bestimmten Anforderungsniveau zu erstellen. Sie bestimmt sich aus der Summe der Eigenschaften bzw. Merkmale von Dienstleistungen, bestimmten Anforderungen gerecht zu werden."[7]

Es zeigt sich, dass Qualität nicht absolut zu definieren ist. Daher findet auch in dieser Arbeit keine Festlegung auf einen Qualitätsbegriff statt. Die in den Kapiteln 3 und 4 vorgestellten Qualitätsziele und Werkzeuge zur Qualitätserstellung folgen der kundenorientierten Sichtweise von Qualität.

2.2 Welche Qualität wird gewünscht?

Die optimale Qualität aus Sicht der Kunden ist gegeben, wenn die Erwartungen an die Leistung (Dienstleistung) eines Unternehmens genau der Qualität der Eigenschaften der Leistung des Unternehmens entsprechen.[8] Der Kunde erhält eine Leistung in erwarteter Qualität und das Unternehmen kann im Idealfall genau die Bedürfnisse des Kunden befriedigen, ohne Mehrkosten für einen zu hohen Qualitätsstandard tragen zu müssen.

Während eine höhere Qualität als die Erwartete sich in der Gunst des Kunden weniger bemerkbar macht, so ist bei Qualitätsdefiziten mit einer harten Bestrafung durch den Kunden zu rechnen. Eine Studie des White House Office of Customer Affairs ergab, dass 90 von 100 Kunden die mit einem Produkt unzufrieden sind, es zukünftig meiden. Lediglich 4% der unzufriedenen Kunden äußern sich gegenüber dem betroffenen Unternehmen. Hinzu kommt, dass unzufriedene Kunden ihre Erfahrung bis zu 20 weiteren potenziellen Kunden mitteilen.[9] Das Ziel für ein Unternehmen hinsichtlich der gewünschten Qualität ist damit klar vorgegeben: Es wird die Qualität gewünscht, die die Bedürfnisse des Kunden befriedigt. Die Herausforderung besteht darin, neben den offensichtlichen Kundenwünschen auch nicht geäußerte latente Wünsche zu erkennen und zu bedienen.

Wie dies im Bereich des e-Service Engineering erreicht werden kann, gilt es nun festzustellen. Dabei wird in Kapitel 4 vor allem die Phase der Evaluation von Kundenbedürfnissen behandelt. Die vorgestellten Methoden liefern Ergebnisse (beispielsweise auf welches Merkmal ein Kunde bei einem e-Service besonderen Wert legt), die im weiteren Engineering-Prozess, etwa bei der softwaretechnischen Umsetzung, benötigt werden. Zunächst wird die Qualität im Bereich der elektronischen Dienstleistungen betrachtet, um die Qualitätswerkzeuge zielgerichtet einsetzen zu können.

---

[7] Bruhn, Manfred (1997), S. 27

[8] vgl. Nohr, H. (2004), Folie: Optimale Qualität

[9] vgl. Desatnik, R. (1989), S.24-26

3 Qualität im e-Service Engineering

Die Erkenntnisse des Qualitätsmanagements entstehen oft aus den Verbesserungs- und Optimierungsversuchen bei der Produktion materieller Güter. Im Dienstleistungsumfeld und besonders im Bereich der elektronischen Dienstleistungen ist die Leistung nicht vorab messbar oder zu begutachten. Auch eine Korrektur einer erbrachten Dienstleistung im Sinne einer Nachbearbeitung ist nicht möglich. Ein Kunde, der einen e-Service nutzt, ist im Moment der Nutzung mit der Qualität des Service konfrontiert. Durch den Kunden als Teil des Dienstleistungsprozesses unterliegt die Dienstleistungsqualität einer ständigen Beobachtung.[10] Der kundenorientierte Ansatz für Dienstleistungsqualität bekommt dadurch eine höhere Bedeutung.

3.1 e-Service Engineering

Service Engineering beschäftigt sich mit der Analyse, Gestaltung und den Methoden zur Dienstleitungserstellung. Eine Eingrenzung findet im Bereich e-Service Engineering statt. Hier werden rein elektronisch angebotene Dienstleistungen erfasst. Beide Bereiche haben gemein, dass die Kontaktstelle zum Kunden eine hohe Bedeutung für die Qualität und den Erfolg einer Leistung hat. Die Fokussierung auf den Kunden und dessen Bedürfnisse sind ausschlaggebend für die Entwicklung einer Dienstleistung.[11]

Bei Dienstleistungen im herkömmlichen Sinn wird der Interaktion „Mitarbeiter-Kunde" eine zentrale Rolle beigemessen. Der Wegfall der Kontaktstelle „Mensch-Mensch" nimmt ein Stück an Flexibilität im Umgang mit den Kunden und muss in e-Service-Prozessen berücksichtigt werden. Auf der anderen Seite kann eine Maschine eine stets gleich bleibende Arbeit verrichten ohne von äußeren Eindrücken oder inneren Ermüdungserscheinungen beeinflusst zu werden. Dies hat zur Konsequenz, dass vorab die Qualitätsziele definiert und ausgearbeitet werden müssen.

3.2 Qualitätsziele im e-Service Engineering

E-Servicequalität setzt sich aus mehreren Bausteinen zusammen. Dabei spielen technische und nichttechnische Aspekte eine Rolle. Welche Qualitätsziele bestimmt werden können, wird in den folgenden Punkten aufgezeigt. Ein bewährtes Mittel ist die Umfrage beziehungsweise die Befragung. Ergebnisse aus Umfragen können als Basisinformationen genutzt werden, aus denen die Kundenwünsche erschlossen werden.

---

[10] vgl. Scheer, A.-W. / Klein, R. / Schneider, K. (2003), S.15
[11] vgl. Killich, S. et. al. (2005), Schlagwort: Service-Engineering

3.2.1 Funktionalität, technische Qualität und Zuverlässigkeit

Die Funktionalität und die technische Qualität nehmen eine grundlegende Rolle ein. Diesen Punkten wurde in einer Umfrage von 200 Nutzern der Online-Versandhändler Amazon, Tchibo und Otto die größte Wichtigkeit beigemessen. Unter Funktionalität fallen beispielsweise Bedienung, Übersichtlichkeit und Verständlichkeit. Eine dauerhafte Erreichbarkeit der Website, geringe Ladezeiten und ein reibungsloser Bestellvorgang zeugen von technischer Qualität. Auch die Zuverlässigkeit der Seite durch etwa fehlerfreie Informationen und termingetreue Lieferungen ist als Qualitätsziel zu sehen. [12]

3.2.2 Reaktionsfähigkeit und Erlebnisqualität

In der Umfrage bekamen die Punkte Reaktionsfähigkeit und Erlebnisqualität den geringsten Stellenwert zugewiesen. Unter anderem wurden dabei die umgehende Beantwortung von Fragen oder der Verzicht auf störende Werbebanner und Pop-Ups genannt. [13] Hier bleibt die Frage offen, ob die angegebenen Online-Händler in diesen Punkten bereits gute Standards einhalten und so beim Kunden kein Mangel aufgefallen ist.

3.2.3 Sicherheit

Ein weiteres Qualitätsziel ist die Sicherheit bei der Nutzung von elektronischen Dienstleistungen. Dabei steht der Schutz persönlicher Daten, ein vertraulicher Umgang mit persönlichen Daten und die Verschlüsselung persönlicher Daten für den Kunden im Mittelpunkt. [14] Sicherheit wurde in vielen Softwarelösungen als Zusatz verstanden, nicht als Grundvoraussetzung. Die Implementierung sicherer Software scheitert meist an den Zusatzkosten. Dadurch ist der Markt der Sicherheitsanbieter entstanden: Firewalls, Antivirenprogramme und digitale Signaturen sind Beispiele von Produkten aus dem Sicherheitsbereich. Durch Sicherheit als Qualitätsziel müssen Softwarehersteller wie Microsoft und SAP ihre Produktstrategie ändern. Waren bisher möglichst viele Funktionalitäten und eine schnelle Markteinführung die Vorgaben, so ändert sich die Ausrichtung hin zu mehr Sicherheit. Noch liegt es oft an den Kunden mittels selbst angeeigneten Hilfsmitteln für einen sicheren Umgang mit elektronischen Dienstleistungen zu sorgen. [15] Gerade im Bereich der Online-Services kann durch eine garantierte Sicherheit Kundenvertrauen gewonnen werden. Sicherheit als selbstverständliches Serviceangebot und zugleich als Qualitätsmerkmal ist somit ein wichtiger Bestandteil des E-Service Engineering.

---

[12] vgl. Bauer, Hans / Falk, Thomas / Hammerschmidt, Maik (2004), S. 3

[13] vgl. Bauer, Hans / Falk, Thomas / Hammerschmidt, Maik (2004), S. 3

[14] vgl. Bauer, Hans / Falk, Thomas / Hammerschmidt, Maik (2004), S. 3

[15] vgl. Zwerger, F. / Sacher, P. (2002), S. 140 ff.

Wie sich in einer Studie über den Online-Versandhandel herausstellte gibt es bei über das Internet angebotenen Serviceleistungen eine Schwelle, bei der mehr Service die durch den Kunden wahrgenommene Servicequalität nicht steigert. Bis zu einem gewissen Punkt steigern e-Serviceleistungen wie Personalisierung, E-Mails mit Statusinformationen oder Informationen auf der Website die Qualität in der Wahrnehmung des Kunden. Wird ein Idealwert an Services überschritten sind weitere Leistungen mit einer negativen Wahrnehmung hinsichtlich der Qualität verbunden, da diese als störend empfunden werden.[16] Aus diesen Erkenntnissen lässt sich hinsichtlich der Qualitätsanforderung sagen: So viel Service wie möglich, aber nicht mehr als nötig. Ein fundiertes Wissen über die Kunden ist sicherlich hilfreich um im Vorfeld das benötigte Maß an Service zu ermitteln. Da es einen absoluten Wert für die richtige „Menge" nicht gibt, gilt es diesen stets, beispielsweise durch Kundenbefragungen, neu zu ermitteln.

Ob die ermittelten Qualitätsziele erreicht werden hängt maßgeblich vom e-Service Engineering ab. Kapitel 4 zeigt Werkzeuge die bei der Ermittlung und Definition der Kundenwünsche unterstützen.

---

[16] vgl. Bauer, Hans / Falk, Thomas / Hammerschmidt, Maik (2004), S. 2

4 Qualitätsentwicklung im e-Service Engineering

Der Prozess der Erstellung elektronischer Dienstleistungen wird mit e-Service Engineering beschrieben. Der Begriff selbst deutet schon an, dass ein Zielprodukt nicht innerhalb einer spontanen Entwicklung entsteht, sondern dass eine Planung und eine mehrstufige Entwicklung mit möglicherweise mehreren Iterationen bei der Umsetzung der elektronischen Dienstleistung nötig werden. Software, Programmiersprachen und Modellierungsmethoden spielen im Prozess der Umsetzung eine große Rolle. Begleitend zum Entwicklungsprozess, aber auch als Grundlage für eine erstmalige Serviceentwicklung oder einer Serviceverbesserung, spielen Methoden zur Qualitätsermittlung eine wesentliche Rolle. Im Folgenden werden Elemente aus diesen Bereichen vorgestellt, wobei im Wesentlichen die Methoden aus der Qualitätsentwicklung betrachtet werden.

4.1.1 Vorgehensmodelle

Engineering im industriellen Bereich wurde über viele Jahre hinweg stets verfeinert. Dienstleistungen hingegen werden auch heute noch ohne geeignete Vorgehensweisen und Software entwickelt.[17] Dadurch fällt es schwer Entwicklungsprozesse zu beherrschen und einen zuvor gesetzten Qualitätsstandard auf Dauer zu erreichen. Fasst man alle Aktivitäten, die zur Erstellung einer Dienstleistung notwendig sind, zusammen und beschreibt diese, so erhält man ein Vorgehensmodell. Scheer nennt drei Grundformen von Vorgehensmodellen. Ein lineares Vorgehens- oder Phasenmodell beschreibt den Entwicklungsprozess als lineare Abfolge von Arbeitsschritten. Auf Basis von Eingangsinformationen wird das Ergebnis Schritt für Schritt und ohne Iteration erstellt. Ein Beispiel hierzu ist das Wasserfallmodell. Das iterative Vorgehensmodell als zweite Grundform lässt einen Rücksprung in vorangegangene Phasen zu. Das Spiralmodell beinhaltet beispielsweise ein solches Vorgehen. Als dritte Form wird der prototypische Ansatz genannt. Er arbeitet mit prototypischen Versionen, die in jedem Durchlauf dem Endprodukt ein Stück näher kommen. Dabei können Arbeitsphasen auch parallel ablaufen.[18] Abbildung 1 veranschaulicht die Vorgehensweise der drei Varianten.

---

[17] vgl. Scheer, A.-W. / Klein, R. / Schneider, K. (2003), S.15
[18] vgl. Scheer, A.-W. / Klein, R. / Schneider, K. (2003), S.16

Grundformen von Vorgehensmodellen

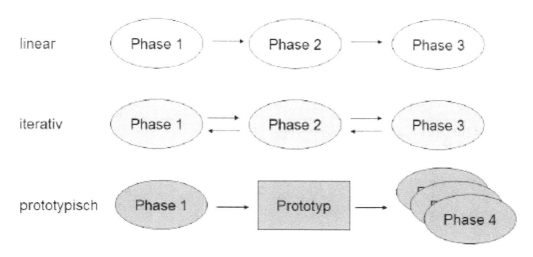

Abbildung 1: Grundformen von Vorgehensmodellen[19]

Die Modelle bilden einen Rahmen für die Dienstleistungsentwicklung. Die konkreten Werkzeuge, sprich welche Software, welche Sprache oder welche Analysemethoden eingesetzt werden, sind nicht vorgegeben.

4.1.2 Ein Standard für Web Services

Ein Beispiel für eine standardisierte Sprache ist die Business Process Modeling Language (BPML). BPML dient zur Beschreibung von Geschäftsprozessmodellen. Durch die Anwendung von BPML werden Web Services verknüpft, die an verschiednen Orten im Internet abgelegt sein können.[20] Für den Bereich der elektronischen Dienstleistungen ist hier ein firmenübergreifender Standard gegeben Services im Web zu präsentieren. Standardisierung kann ein Faktor für Qualität im e-Service Engineering sein. Auf die technischen Spezifikationen wird hier nicht eingegangen.

Vorgehensmodelle, standardisierte Sprachen und Werkzeuge alleine genügen nicht um der Kundenorientierung bei der Erstellung von elektronischen Dienstleistungen vollständig zu entsprechen. Sie sind aber für den Erstellungsprozess nötig um eine Qualität der Prozesse zu garantieren. Für die Erschließung der Kundenwünsche sind weitere Methoden nötig.

---

[19] Quelle: eigene Darstellung
[20] vgl. BPMI.org (2005)

4.2 Methoden zur Schaffung und Überprüfung von Dienstleistungsqualität

Die Frage der kundenorientierten Dienstleistungsentwicklung zielt auf die Bedürfnisse der Kunden. Vorgehensmodelle, standardisierte Sprachen und Software liefern nur einen notwendigen Umsetzungsweg für die Erstellung von e-Services. Dienstleistungsqualität im e-Service Engineering hängt aber auch von den Informationen ab, mit denen bei der Serviceerstellung gearbeitet wird. Es sind Methoden notwendig, die diese Informationen liefern. Erst nach einer fundierten Analyse der Kundenbedürfnisse kann Qualität für die Kunden definiert werden. Im Gegensatz zu einem physikalischen Erzeugnis, das in vielen Punkten objektiv bewertet werden kann, muss im Bereich der Dienstleistungsqualität mit subjektiv empfundenen Qualitätsmaßstäben umgegangen werden. Die Methoden dienen zur Dienstleistungsentwicklung im Allgemeinen und können auch auf den Bereich der elektronischen Dienstleistungsentwicklung übertragen werden, da sich Service und e-Service in wichtigen Punkten gleichen: Beispielsweise sind in beiden Fällen ist die Leistung nicht vorab zu begutachten und der Kunde steht im Fokus. Besonderheiten wie das Fehlen der Mensch zu Mensch Kommunikation sind dennoch zu berücksichtigen.

4.2.1 GAP-Modell

Das GAP-Modell der Dienstleistungsqualität setzt sich mit der Differenz (GAP) zwischen Kundenerwartung und Kundenwahrnehmung auseinander. Abbildung 2 zeigt die fünf Lücken, an denen mögliche Fehlerquellen für das e-Service Engineering ausgemacht werden können. GAP1 bezieht sich dabei auf mögliche Probleme durch eine Differenz in der Wahrnehmung der Kundenerwartungen durch das Management und der durch den Kunden erwarteten Dienstleistung. GAP2 deckt eine Lücke innerhalb des Unternehmens auf, indem die Wahrnehmungen der Kundenerwartungen durch das Management mit den Spezifikationen der Dienstleistung verglichen werden. GAP3 setzt auch innerhalb des Unternehmens an. Hier werden die Spezifikationen der Dienstleistung mit der tatsächlich erbrachten Dienstleistung abgeglichen. GAP4 überprüft, ob die an den Kunden gerichtete Kommunikation der tatsächlich erbrachten Dienstleistung entspricht. Als fünfter und zentraler Aspekt vergleicht GAP5 die durch den Kunden wahrgenommene Dienstleistung mit den Erwartungen des Kunden.[21] Die subjektive Wahrnehmung des Kunden ist maßgeblich für GAP5. Alle anderen GAPs wirken direkt oder indirekt auf diesen zentralen Punkt. An dieser Stelle kann eine Verbesserung der Dienstleistungsqualität angesetzt werden, indem gefundene Differenzen beseitigt werden.

---

[21] vgl. Stauss, B. (o.A.), Folie 16, in Parasuraman / Zeithaml / Berry (1988)

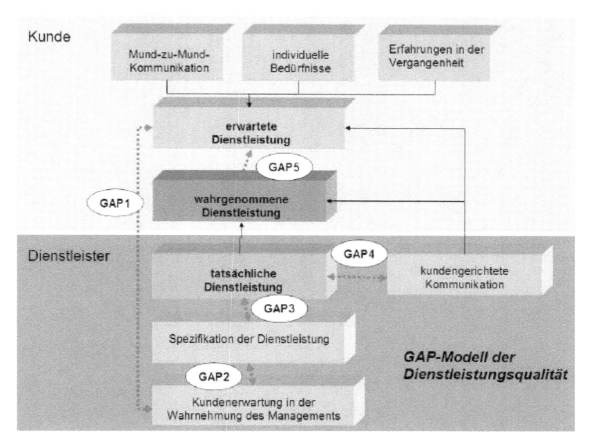

Abbildung 2: GAP-Modell der Dienstleistungsqualität[22]

Die Anwendung dieses Modells kann ist sowohl im Vorfeld einer Dienstleistungsentwicklung, als auch zur Verbesserung einer bestehenden Dienstleistung möglich. Beispielsweise Fragebögen, die unmittelbar nach der Nutzung eines Services per e-Mail an
den Kunden gesendet werden, können zur Ermittlung der Lücke zwischen erwarteter
Dienstleistung und den Kundenerwartungen in der Wahrnehmung des Managements
(GAP1) genutzt werden.

4.2.2 Blueprinting

Ein ereignisorientierter Ansatz ist die Methode des Blueprinting. Dabei wird versucht,
die Aktionen eines Kunden bei der Inanspruchnahme eines Services und alle darauf
wirkenden Einflussgrößen aufzuzeigen. Ein Kunde wird mittels eines Blueprints zu den
jeweiligen Kontaktpunkten geleitet und hinsichtlich als wichtig oder kritisch bewerteter
Vorgänge befragt.[23] Diese Methode eignet sich vor allem für die Verbesserung vorhan-
dener Dienstleistungen in der realen Welt. Bezogen auf den Bereich der e-Services sind

---

[22] Quelle: eigene Darstellung, in Anlehnung an Stauss, B. (o.A.), Folie 16, in Parasuraman / Zeithaml /
Berry (1988)

[23] vgl. Pörner Ronald (1999)

die Kundenschnittstellen auch innerhalb einer elektronischen Anwendung verstärkt zu berücksichtigen. Die Interaktionsoberfläche Monitor bietet hierfür einen Ansatzpunkt.

In Abbildung 3 wird ein Blueprint für eine klassische Dienstleistung gezeigt. Die Line of Visibility markiert, an welchen Stellen die Vorgänge und Prozesse für den Kunden erkennbar werden. Um den Kundenvorgang herum werden beeinflussende (oder auch „zuarbeitende") Prozesse dargestellt.

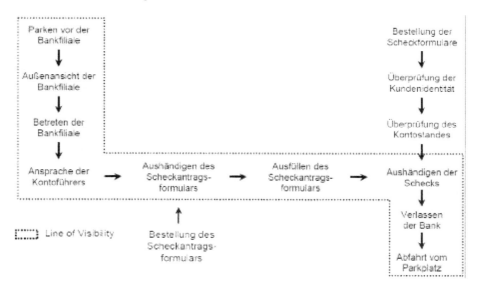

Abbildung 3: Blueprint - Abholung von Scheckformularen in einer Bank[24]

Ähnlich wie im GAP-Modell werden Differenzen zwischen Kundenwahrnehmung, Kundenerwartung und Einschätzungen durch den Dienstleister zu Tage gefördert. Die Anwendung des Blueprints ist vor allem bei der Verbesserung von Prozessen zu sehen. Es werden für ein e-Service Reengineering die nötigen Informationen ermittelt.

4.2.3 QFDeasy

Eine Methode für das Erstellen neuer Dienstleistungen mit geeigneten Qualitätsmerkmalen stellt Quality Function Deployment easy (QFDeasy) dar. Die Idee des QFD-Prinzips ist, dass neben der Aussage „Was ist zu tun?" auch eine Empfehlung „Wie kann man es tun?" gegeben wird. QFDeasy ist ein Werkzeug zur marktgetriebenen Entwicklung von Produkten und Dienstleistungen, welches zur Entwicklung neuer Services geeignet ist. Weiter kann es auch bei Reengineering-Prozessen oder der Suche nach innovativen Produkten über Begeisterungsmerkmale eingesetzt werden.[25] Ausgangspunkt bei der QFD-Methode ist das Sammeln von Informationen zur Schaffung einer soliden Informationsbasis. Es wird auf eine strikte Trennung von Kundenbedürf-

---

[24] Quelle: Bruhn, M. (1997), S. 83
[25] vgl. Kiehne, D.-O. (2001), Folie 7

nissen, Anforderungen an die Lösung und der Lösung an sich geachtet. Kundenbedürf-nisse werden durch Experten- und Kundenbefragungen ermittelt und nach ihrer Wichtigkeit bewertet. Die Bedürfnisse werden mit Anforderungen abgeglichen um Kennzahlen für die Wichtigkeit bei der Umsetzung in der Lösung zu erhalten. Dabei erstehende Zielkonflikte (beispielsweise keine umständlichen und komplizierten Kennwörter bei höchst möglicher Sicherheit im Bereich Onlinebanking) müssen überwunden werden – hier liegt oft das Potential für eine Innovation. Die gefundenen Ziele müssen dann in Lösungen überführt werden. Ein Pflichtenheft kann das Ergebnis eines QFDeasy-Workshops für einen e-Service sein.

Die Darstellung in Abbildung 4 zeigt ein vereinfachtes House of Quality (HoQ). Darin werden die Kundenbedürfnisse, Zielgruppen, Qualitätsmerkmale und die Analyse der Wettbewerber dargestellt. QFDeasy verringert den Aufwand bei der Auswertung des HoQ durch eine Gewichtung der Faktoren und eine Betrachtung der am stärksten gewichteten Faktoren.[26]

Abbildung 4: Dienstleistungsentwicklung im Bereich New Product Development[27]

Die Verwendung der Methode für die Entwicklung qualitativer Dienstleistungen fokussiert Service-Komponenten wie Meilensteine für die Entwicklung, organisatorischen Komponenten für die Optimierung der Kommunikation zwischen Dienstleistern und Kunden oder die Schaffung von messbaren (Teil-)Ergebnissen, personelle Komponenten beispielsweise zur Restrukturierung und Teambildung und infrastrukturelle Komponenten, die zur Erfüllung der Serviceinhalte erforderlichen Ressourcen bereithalten.[28]

---

[26] vgl. Kiehne, D.-O. (2005), S. 125 ff.
[27] Quelle: Kiehne, D.-O. (2001) Folie 40
[28] vgl. Kiehne, D.-O. (2001), Folie 45

Die QFDeasy Methode bietet somit ein Gesamtkonzept zur Neuentwicklung von Dienstleistungen und zielt vor allem auf eine analytische und informationsreiche Vorgehensweise ab. Neben der reinen Analyse der Bedürfnisse werden hier konstruktive Lösungsansätze gegeben. Dadurch wird ein Teil der Engineering-Leistung im e-Service Engineering schon vor der Umsetzung geleistet, so dass Zielkonflikte nach Möglichkeit nicht erst während der softwaretechnischen Umsetzung erkannt und gelöst werden müssen.

5 Zusammenfassung und Ausblick

Dienstleistungsqualität definiert sich über die Bedürfnisse der Kunden und muss für eine erfolgreiche Teilnahme am Markt durch e-Service Engineering garantiert werden. Auf diese Aussage kann man die Erkenntnisse dieser Arbeit zuspitzen. Das Problem für viele Entwickler von elektronischen Dienstleistungen ist der Umgang mit Qualität. Es bestehen mehrere Ansätze, wie man Qualität definieren kann. Auch der Gesetzgeber beschränkt sich in der ISO-Norm auf die Definition, dass die Erfüllung der Kundenwünsche als Qualität zu betrachten ist. Welche Bedürfnisse sich dahinter verbergen, sprich welche Qualitätsziele verfolgt werden müssen, lässt sich aber erst nach einer Analyse der Kunden bestimmen. Qualität ist nicht feststehen, sondern variiert in der Wahrnehmung aller Beteiligten. Die optimale Qualität scheint ein unerreichbares Ziel zu sein. Dennoch kann durch methodisch geplantes e-Service Engineering schon bei der Erstellung von Dienstleistungen auf die geforderte Qualität hingearbeitet werden. Vorgehensmodelle bieten dafür ein Rahmenkonzept. Gefüllt mit den passenden Softwarewerkzeugen und den hier vorgestellten Analysemethoden wird das Risiko einer Fehlentwicklung vorab minimiert.

Die Besonderheiten von e-Services hinsichtlich der Qualitätsmerkmale wie Sicherheit, Erlebnisqualität, Funktionalität oder der richtigen Menge an Service müssen auch bei der Entwicklung der Qualitätsziele berücksichtigt werden. Hier bieten Methoden wie das Blueprinting und die Gap-Analyse für die Verbesserung und teilweise auch zur Neuentwicklung von Dienstleistungen die entsprechenden Ansätze. Als erlebnisorientierte Ansätze legen sie das Hauptaugenmerk auf den Kunden und dessen Aktivitäten. QFDeasy bietet sich für innovative Neuentwicklungen im Bereich der e-Services an. Die Analyse der Kundenbedürfnisse, das Erarbeiten von Qualitätszielen und das Lösen möglicher Zielkonflikte leisten bereits einen Teil der Entwicklungsarbeit. Auch bei dieser Methode stehen die Bedürfnisse der Kunden im Mittelpunkt.

Die Integration des Kunden in den Dienstleistungsprozess ist nicht zu umgehen. Wer über Qualität Bescheid wissen will, muss über seine Kunden Bescheid wissen. Als Konsequenz muss der Engineeringprozess vollständig erfasst und konsequent beherrscht werden. So ist es möglich, eine Qualität der Prozesse und damit auch eine bestimmte Qualität der elektronischen Dienstleistung zu gewähren. Vorgehensmodelle helfen zur Strukturierung, sind aber sehr abstrakt. Zur Umsetzung sind standardisierte Werkzeuge und Methoden nötig. Viele Versuche einen Standard einzuführen, wie bei BPML, kämpfen mit Konkurrenzdenken zwischen Unternehmen und der allgemeinen Akzeptanz. Im Bereich der Qualitätswerkzeuge haben sich dagegen etablierte Ansätze in den Bereich der Dienstleistungen weiterentwickelt und neue sind entstanden. Mit dem GAP-

Modell, dem Blueprint und QFDeasy stehen den Entwicklern drei erprobte Werkzeuge zur Entwicklung qualitativ hochwertiger Dienstleistungen zur Verfügung. Diese lassen sich auch im Bereich der e-Services anwenden, wobei von der Erfahrung aus dem Bereich der allgemeinen Dienstleistungen sicherlich profitiert werden kann.

Die Bedeutung des elektronischen Handels (e-Commerce) wird steigen und damit auch der Bedarf an qualitativ hochwertigen e-Service Engineering-Leistungen. Im Wettbewerb um den Kunden wird Qualität zum K.O.-Kriterium, wenn mehrere Anbieter sich ein Marktsegment teilen. Überleben wird, bei dem „der Kunde zurückkommt".

Quellenverzeichnis

Bauer, Hans / Falk, Thomas / Hammerschmidt, Maik (2004): Online-Versandhandel, Durch E-Servicequalität Kunden binden, absatzwirtschaft – Zeitschrift für Marketing, Düsseldorf, http://www.absatzwirtschaft.de/pdf/sf/Bauer.pdf (Zugriff am 04.11.2005)

Bruhn, Manfred (1997): Qualitätsmanagement für Dienstleistungen, 2. Aufl., Berlin

BPMI.org (2005): Business Process Management Initiative, Aurora, USA, http://www.bpmi.org/BPML.htm (Zugriff am 11.11.2005)

Desatnik, R. (1989): Long live the King, Quality Progress, 22 (1989) 4, S. 24-26

Kiehne, Dierk-Oliver (2001): Marktgetriebene Vorgehensweise bei der Entwicklung von Produkten und Dienstleistungen. Fraunhofer IAO - Konferenz Service Engineering; Stuttgart

Kiehne, Dierk-Oliver (2005): Motiv-Szenarien-Analyse – Verfahren zur Ableitung konstruktiver Entwicklunganforderungen aus latenten Kundenbedürfnissen, Shaker-Verlag, Aachen

Killich, Stephan et al (2005): Move on, Gestaltungsfeld: Service-Engineering, Lehrstuhl und Institut für Arbeitswissenschaft, Aachen, http://www.moveon2000.de/service/service_engineering.html (Zugriff am 13.11.2005)

Krems, Burkhardt (2005): Online-Verwaltungslexikon, Management und Reform der öffentlichen Verwaltung, Köln, http://www.olev.de/ (Zugriff am 05.11.2005)

Nohr, Holger (2004): Qualitätsmanagement, unveröffentlichter Foliensatz, Hochschule der Medien, Stuttgart

o.V. (2001): Online-Shopping, Treue zählt nicht, absatzwirtschaft – Zeitschrift für Marketing, Düsseldorf, http://www.absatzwirtschaft.de/psasw/fn/asw/SH/0/sfn/buildpage/cn/cc_vt/ID/19705/vt/e-servicequalit%E4t%20kunden%20binden/s/1/page2/PAGE_1003228/aktelem/PAGE_1003228/index.html (Zugriff am 06.11.2005)

Pörner, Ronald (1999): Die Kundenzufriedenheitsermittlung im Business to Business-Marketing, erschienen in: Pepels, W. (Hrsg.): Business to Business-Marketing, Neuwied 1999, S. 527 – 547, http://www.f3.fhtw-berlin.de/Professoren/Poerner/kundenzufriedenheit.htm (Zugriff am 12.11.2005)

Scheer, August-Wilhelm / Klein, Ralf / Schneider, Kristof (2003): Service Engineering, Vorgehensmodelle und Softwareunterstützung, Industrie Management 19 (2003) 4, GITO-Verlag, Berlin

Scheer, August-Wilhelm / Schneider, Kristof (2003): Konzept zur systematischen und kundenorientierten Entwicklung von Dienstleistungen, Institut für Wirtschaftsinformatik, Saarbrücken, http://www.iwi.uni-sb.de/Download/iwihefte/Heft_%20175_final.pdf (Zugriff am 11.11.2005)

Stauss, Bernd (o.A.): Dienstleistungsmanagement, Kapitel 11 Qualitätsmanagement in Dienstleistungsunternehmen, veröffentlichtes Vorlesungsskript, Lehrstuhl für ABWL und Dienstleistungsmanagement, Eichstätt – Ingolstadt, http://www.competence-si-te.de/dienstleistung.nsf/0DC44AA8C9679E43C1256AAE00572221/$File/teil11%20qualit%C3%A4tsmanagement.pdf (Zugriff am 12.11.2005)

Zwerger, Florian / Sacher, Paulus (2002): E-Business Projekte, Warum sie scheitern und wie man sie zum Erfolg führt, Galile